जब प्रेम सिखाने आया

आलमीन

Copyright © ALAMIN
All Rights Reserved.

This book has been self-published with all reasonable efforts taken to make the material error-free by the author. No part of this book shall be used, reproduced in any manner whatsoever without written permission from the author, except in the case of brief quotations embodied in critical articles and reviews.

The Author of this book is solely responsible and liable for its content including but not limited to the views, representations, descriptions, statements, information, opinions and references ["Content"]. The Content of this book shall not constitute or be construed or deemed to reflect the opinion or expression of the Publisher or Editor. Neither the Publisher nor Editor endorse or approve the Content of this book or guarantee the reliability, accuracy or completeness of the Content published herein and do not make any representations or warranties of any kind, express or implied, including but not limited to the implied warranties of merchantability, fitness for a particular purpose. The Publisher and Editor shall not be liable whatsoever for any errors, omissions, whether such errors or omissions result from negligence, accident, or any other cause or claims for loss or damages of any kind, including without limitation, indirect or consequential loss or damage arising out of use, inability to use, or about the reliability, accuracy or sufficiency of the information contained in this book.

Made with ♥ on the Notion Press Platform
www.notionpress.com

आभार व्यक्त करने का एक प्रयास,

हर शब्द जो इस पन्ने पर उतरा है, वह अकेले मेरा नहीं है। यह उन सभी लोगो का अंश है, जिन्होंने किसी न किसी रूप में मुझे सीखने, समझने और बढ़ने में मदद की।

सबसे पहले, **मेरी माँ**—जिन्होंने बिना कहे, बिना जताए, अपने हर छोटे-बड़े त्याग से मुझे जीवन का सबसे महत्वपूर्ण पाठ पढ़ाया। उनके बिना, मैं शायद कभी यह यात्रा शुरू ही नहीं कर पाता।

उन **सभी लोगो** का धन्यवाद, जिन्होंने किसी भी रूप में मुझे सही-गलत का भान कराया, अनुभवों से, किताबों से, या फिर अपनी मौन उपस्थिति से भी। सीखने की प्रक्रिया कभी खत्म नहीं होती, और यह सफर उन्हीं के कारण इतना सुंदर है।

उन दोस्तों, अपनों, और अनजान राहगीरों का भी आभार, जो कभी जीवन में आए, कुछ देर रुके, कुछ सिखाकर चले गए। कुछ ने प्रेरित किया, कुछ ने चुनौती दी, और कुछ ने यह एहसास कराया कि सही राह पर चलने के लिए कभी-कभी अकेले चलना भी जरूरी होता है।

और अंत में, **तुम्हारा धन्यवाद**—जो इन पन्नों को पढ़ रहे हो। यह सिर्फ मेरी कहानी नहीं, यह हम सबकी कहानी है। अगर इन शब्दों में तुम्हें कहीं खुद का अक्स दिख जाए, तो समझ लेना, यह किताब तुम्हारे लिए ही लिखी गई थी।

क्रम-सूची

प्रस्तावना — vii

भूमिका — ix

पावती (स्वीकृति) — xi

अध्याय — xiii

आमुख — xv

1. प्रेम का स्वभाव — 1

2. प्रेम और आत्म-त्याग — 3

3. प्रेम और असुरक्षा — 5

4. प्रेम और खोने का भय — 7

5. प्रेम और अभिव्यक्ति — 10

6. प्रेम में दर्द और परिपक्वता — 13

7. प्रेम, स्वतंत्रता और अधिकार — 16

8. प्रेम और दूरी — 19

9. प्रेम और प्रतीक्षा — 22

10. प्रेम और अहंकार — 25

11. प्रेम की प्रकृति — 27

12. प्रेम की यात्रा — 30

13. प्रेम और आत्मबोध — 33

14. प्रेम की अंतिम सच्चाई — 36

15. प्रेम में टूटकर बिखरना नहीं, निखरना सीखो — 39

16. जब प्रेम छलावा निकला — 42

17. प्रेम – एक अंतहीन यात्रा — 45

क्रम-सूची

धन्यवाद   47

प्रस्तावना

प्रेम—एक ऐसा शब्द, जिसे सुनते ही दिल में हलचल मच जाती है। कुछ के लिए यह जीवन का सबसे सुंदर अहसास है, तो कुछ के लिए यह दर्द का सबसे गहरा ज़ख्म। प्रेम हमें संपूर्ण बना सकता है, लेकिन अगर सही तरीके से न समझा जाए, तो यह हमें बिखेर भी सकता है। मैंने अपनी ज़िंदगी में कई ऐसे लोगों को देखा है—मित्रों को, परिचितों को—जो प्रेम में खो गए, प्रेम में टूट गए, और फिर कभी खुद को पहले जैसा नहीं बना पाए। कुछ ने खुद को खो दिया, कुछ ने अपने सपनों को त्याग दिया, और कुछ ने अपनी ही पहचान से समझौता कर लिया।

क्या यही प्रेम है?

क्या प्रेम का अर्थ सिर्फ किसी को पा लेना है?

या फिर प्रेम का असली स्वरूप कुछ और ही है?

इस किताब को लिखने का मेरा उद्देश्य प्रेम की एक स्पष्ट और वास्तविक तस्वीर प्रस्तुत करना है। यह किताब उन सभी के लिए है जो प्रेम में हैं, जो प्रेम में थे, और जो प्रेम के कारण खुद को खो चुके हैं। यह उन सभी के लिए है जो प्रेम को लेकर भ्रमित हैं, जो इसे सही तरह से समझना चाहते हैं, और जो यह जानना चाहते हैं कि प्रेम किसी को तोड़ने के लिए नहीं, बल्कि संवारने के लिए होता है।

यह कोई साधारण प्रेम कहानी नहीं है, न ही यह प्रेम का महिमामंडन करने वाली कोई कविताओं की पुस्तक है। यह प्रेम का वह आईना है, जिसमें हर पाठक खुद को देख सकेगा—अपनी भावनाओं, अपनी तकलीफों, अपने सवालों और उनके जवाबों को। इसमें ऐतिहासिक, पौराणिक, सिनेमा, साहित्य और वास्तविक जीवन की कहानियों के माध्यम से प्रेम की गहराइयों को टटोलने का प्रयास किया गया है।

अगर आप प्रेम में हैं, या प्रेम को समझना चाहते हैं, या फिर प्रेम में बुरी तरह हार चुके हैं—यह किताब आपके लिए है। मैं चाहता हूं कि जब आप इसे पढ़ें, तो यह न सिर्फ आपको प्रेम का सही अर्थ समझाए, बल्कि

आपको खुद से जोड़ने में भी मदद करे।

क्योंकि प्रेम का असली रूप वही है जो आपको मजबूत बनाए, जो आपको खुद से मिलाए, और जो आपको संपूर्ण महसूस कराए।

भूमिका

उन सभी "सहयोगियों" के लिए...

आधिकारिक रूप से कोई सहयोगी नहीं है, लेकिन अनाधिकारिक रूप से... बहुत सारे! उन सभी लोगों का आभार, जो अपनी मौजूदगी, गैरमौजूदगी, वादे, धोखे, हँसी, आँसू, और कभी-कभी सिर्फ एक संवाद के जरिए इस किताब में अपनी छाप छोड़ गए। कुछ असल ज़िंदगी के किरदार, कुछ किताबों से उधार लिए हुए, और कुछ फिल्मों से चुराए हुए—सबने मिलकर इसे गढ़ा।

तुम सबने सिखाया, चाहा या न चाहा... फिर भी शुक्रिया!

पावती (स्वीकृति)

यह पन्ना तुम्हारे लिए समर्पित है।

अध्याय

1.प्रेम का स्वभाव

2.प्रेम और आत्म-त्याग

3.प्रेम और असुरक्षा

4.प्रेम और खोने का भय

5.प्रेम और अभिव्यक्ति

6.प्रेम में दर्द और परिपक्वता

7.प्रेम, स्वतंत्रता और अधिकार

8.प्रेम और दूरी

9.प्रेम और प्रतीक्षा

10.प्रेम और अहंकार

11.प्रेम की प्रकृति

12.प्रेम की यात्रा

13.प्रेम और आत्मबोध

14.प्रेम की अंतिम सच्चाई

15.प्रेम में टूटकर बिखरना नहीं, निखरना सीखो

16.जब प्रेम छलावा निकला

17.प्रेम – एक अंतहीन यात्रा

आमुख

तुम, जो इस पुस्तक को पढ़ रहे हो, मेरी इस पुस्तक का केंद्र बिंदु हो।

1

प्रेम का स्वभाव

सांझ ढल रही थी। हल्की ठंडी हवा चेहरे को छूकर जा रही थी, मानो कोई पुरानी यादों को फिर से जीवंत कर रही हो। मन में एक प्रश्न उठता है—"प्रेम क्या है?"

यह प्रश्न जितना सरल लगता है, इसका उत्तर उतना ही गूढ़ है। प्रेम एक शब्द नहीं, बल्कि एक अनुभूति है। यह किसी सीमित परिभाषा में नहीं बंध सकता। कुछ के लिए यह किसी की मुस्कान में है, कुछ के लिए किसी की ख़ामोशी में। लेकिन क्या प्रेम केवल इन्हीं भावों तक सीमित है?

प्रेम—बंधनों से परे

कहते हैं कि जब मीरा ने कृष्ण को प्रेम किया, तो वह प्रेम किसी बंधन का मोहताज नहीं था। समाज ने सवाल किए, बंधनों में बांधने की कोशिश की, लेकिन मीरा का प्रेम किसी स्वीकृति का मोहताज नहीं था। वह प्रेम था, जो किसी नियम का अनुसरण नहीं करता, बस बहता है।

"अगर प्रेम को सीमाओं में बाँध दिया जाए, तो क्या वह प्रेम रह जाता है?"

समय के साथ प्रेम की परिभाषा बदलने लगती है। कभी यह अपनत्व में दिखता है, कभी समर्पण में, तो कभी त्याग में। लेकिन प्रेम की सच्ची प्रकृति क्या है?

प्रेम—स्वतंत्रता या अधिकार?

अक्सर प्रेम को अधिकार से जोड़ दिया जाता है। यह मेरा है, यह सिर्फ मेरे लिए है—ऐसी भावनाएँ प्रेम को उसकी स्वाभाविकता से दूर कर देती हैं। प्रेम अधिकार नहीं, बल्कि स्वतंत्रता है। यह किसी को बाँधने का नाम नहीं, बल्कि मुक्त करने का एहसास है।

बुद्ध के समय का एक प्रसंग है—एक व्यक्ति उनके पास आया और बोला, "मैं तुमसे प्रेम करता हूँ।"

बुद्ध मुस्कुराए और पूछा, "क्यों?"

वह बोला, "क्योंकि तुम मुझे शांति देते हो।"

बुद्ध बोले, "तो यह प्रेम नहीं, एक इच्छा है। अगर मैं तुम्हें शांति न दूँ, तो क्या तब भी तुम मुझसे प्रेम करोगे?"

प्रेम यदि कारणों से जुड़ा है, तो वह प्रेम नहीं, एक अपेक्षा है।

प्रेम—एक प्रवाह

जिस तरह हवा का कोई रंग नहीं होता, लेकिन हम उसे महसूस कर सकते हैं, उसी तरह प्रेम भी दिखता नहीं, लेकिन यह हर ओर होता है। प्रेम को प्रमाण की आवश्यकता नहीं होती। यह बस होता है—कभी बिना शब्दों के, कभी बिना शर्तों के।

जिस क्षण प्रेम को परिभाषित करने की चेष्टा की जाती है, वह सीमित हो जाता है। इसीलिए प्रेम को महसूस करना ही उसका सबसे शुद्ध स्वरूप है।

"प्रेम में कोई स्वार्थ नहीं होता, यह बस बहता है..."

2

प्रेम और आत्म-त्याग

एक मशहूर कहानी है जापान की—एक समुराई योद्धा और उसकी प्रेमिका की। योद्धा को युद्ध में जाना था, और उसकी प्रेमिका ने वादा किया कि जब तक वह लौटेगा, वह उसी पहाड़ी पर हर दिन उसका इंतजार करेगी। साल बीतते गए, मौसम बदले, लेकिन वह वहीं रही। लोग उसे समझाने आए कि जीवन आगे बढ़ता है, लेकिन उसने प्रेम में स्वयं को समर्पित कर दिया। "क्या प्रेम का अर्थ केवल प्रतीक्षा और त्याग है?" यह प्रश्न आज भी उतना ही महत्वपूर्ण है।

प्रेम में स्वयं को खो देना

प्रेम में अक्सर लोग खुद को भूल जाते हैं। वे अपने सपनों, इच्छाओं और पहचान को प्रेम के नाम पर त्याग देते हैं। लेकिन क्या यह सही है?

एक प्रसिद्ध ग्रीक कथा है—पिग्मेलियन और गालेटिया की। पिग्मेलियन एक मूर्तिकार था, जिसने अपनी कल्पना की स्त्री की एक मूर्ति बनाई। वह इतनी सुंदर थी कि वह स्वयं उसे प्रेम करने लगा। उसकी भक्ति और प्रेम देखकर देवी एफ्रोडाइट ने मूर्ति में प्राण फूंक दिए।

यह कहानी प्रेम की शक्ति को दर्शाती है, लेकिन क्या यह प्रेम एकतरफा नहीं था? यदि गालेटिया पहले से जीवित होती, तो क्या वह स्वयं को पिग्मेलियन के अनुसार ढालती? प्रेम में रूपांतरण होता है, लेकिन यह दोनों ओर से होना चाहिए।

अहंकार का विसर्जन

प्रेम में सबसे पहले "अहंकार" त्यागना पड़ता है। जब हम प्रेम करते हैं, तो हमारे निर्णय केवल हमारे लिए नहीं रह जाते। शेक्सपियर के रोमियो और जूलियट की कहानी देखो। दोनों ने अपने परिवारों की दुश्मनी को अनदेखा कर प्रेम किया, लेकिन वे यह भूल गए कि प्रेम में सिर्फ समर्पण ही नहीं, विवेक भी आवश्यक है। अंततः उनका प्रेम एक त्रासदी में बदल गया, क्योंकि उन्होंने प्रेम में अपनी पहचान और भविष्य को पूरी तरह भुला दिया था।

"यदि प्रेम में 'मैं' ही समाप्त हो जाए, तो वह प्रेम नहीं, परछाई बन जाता है।"

सीमाहीन प्रेम और समर्पण

प्रेम सीमाओं से परे होता है, लेकिन यह जरूरी नहीं कि इसमें आत्म-विस्मृति हो। फ्रांसीसी क्रांति के दौरान, एक महिला अपने प्रेमी को बचाने के लिए पुरुषों के कपड़े पहनकर जेल तक जा पहुंची। उसने प्रेम में त्याग किया, लेकिन वह खुद को नहीं भूली—उसने प्रेम के लिए साहस दिखाया, न कि केवल बलिदान।

प्रेम हमें खत्म करने के लिए नहीं, बल्कि पूरा करने के लिए होता है। यह त्याग मांगता है, लेकिन यह त्याग हमें भीतर से मजबूत बनाए, न कि हमें मिटा दे।

"प्रेम में समर्पण होना चाहिए, लेकिन ऐसा समर्पण जो हमें खुद से दूर न करे, बल्कि हमें और अधिक संपूर्ण बना दे।"

3

प्रेम और असुरक्षा

"क्या प्रेम में असुरक्षा स्वाभाविक है?"

क्या यह डर सही है कि जिसे हम प्रेम करते हैं, वह हमें छोड़ सकता है? क्या प्रेम में जलन होना प्रेम की गहराई को दर्शाता है या हमारे भीतर छिपे डर को? यह प्रश्न हर युग, हर प्रेमी ने खुद से किया होगा।

प्रेम में छिपा डर

एक प्रसिद्ध कहानी है मिस्र की रानी क्लियोपेट्रा और मार्क एंटनी की। दोनों के प्रेम की गूंज पूरे इतिहास में सुनाई देती है। लेकिन यह प्रेम जितना गहरा था, उतना ही असुरक्षा से भरा भी। क्लियोपेट्रा को हमेशा यह डर था कि एंटनी रोम के लिए उसे छोड़ देगा। एंटनी को भय था कि रोम के लोग उसे क्लियोपेट्रा के प्रभाव में कमजोर मानेंगे। यह असुरक्षाएँ धीरे-धीरे उनके प्रेम को खा गईं और अंततः उनके जीवन का दुखद अंत हुआ।

हमारे जीवन में भी ऐसा ही होता है। जब हम प्रेम करते हैं, तो हमें खोने का डर सताने लगता है। लेकिन क्या यह डर प्रेम का हिस्सा होना चाहिए? "क्या हम प्रेम को जीते हैं, या खोने के डर में जीते हैं?"

प्रेम में विश्वास और भरोसे की भूमिका

पुरानी चीन की एक कथा है—जिन और लियू की। लियू को यकीन था कि जिन उसे छोड़ देगा, क्योंकि वह अन्य लड़कियों से अधिक सुंदर नहीं थी। उसने अपने प्रेम को लगातार संदेह की नजर से देखा और हर

पल उसे खोने का डर बना रहा। लेकिन जिन ने एक दिन उससे कहा, "मैंने तुमसे प्रेम तुम्हारी सुंदरता से नहीं, बल्कि तुम्हारे हृदय से किया है। यदि प्रेम में भरोसा नहीं, तो प्रेम नहीं, केवल एक छलावा रह जाता है।"

प्रेम में संदेह और असुरक्षा तब जन्म लेती है जब हम स्वयं को प्रेम के योग्य नहीं मानते। जब हम खुद पर विश्वास नहीं करते, तब हमें लगता है कि सामने वाला भी हम पर विश्वास नहीं करेगा।

प्रेम में जलन और इसका सही अर्थ

एक बार स्पेन की एक राजकुमारी ने अपने प्रेमी से पूछा, "क्या तुम मुझसे जलते हो?"

उसने कहा, "अगर मेरा प्रेम तुम्हारे प्रति सच्चा है, तो मुझे जलन क्यों होगी? जलन तो तब होती है जब हमें डर लगता है कि कोई हमसे छिन सकता है। लेकिन प्रेम कोई वस्तु नहीं, जो छीनी जा सके।"

"जलन प्रेम का प्रमाण नहीं, बल्कि असुरक्षा की निशानी है।"

"यदि प्रेम में जलन है, तो इसका अर्थ है कि प्रेम में कहीं न कहीं अधिकार की भावना छुपी है। लेकिन प्रेम अधिकार नहीं, स्वतंत्रता है।"

प्रेम की असुरक्षा से कैसे बाहर निकले?

1. स्वयं को प्रेम करो – यदि तुम खुद को प्रेम करोगे, तो तुम्हें प्रेम में असुरक्षा महसूस नहीं होगी।

2. विश्वास बनाओ – प्रेम केवल भावनाओं से नहीं चलता, यह विश्वास पर भी टिका होता है।

3. प्रेम को पिंजरा मत बनाओ – यदि तुम प्रेम को जकड़कर रखोगे, तो वह दम घुटकर मर जाएगा।

"प्रेम में असुरक्षा स्वाभाविक है, लेकिन यह प्रेम को नियंत्रित नहीं करनी चाहिए। सच्चा प्रेम तब ही जीवित रहता है, जब उसमें विश्वास, स्वतंत्रता और निश्चिंतता होती है।"

4

प्रेम और खोने का भय

"क्या प्रेम में खोने का भय स्वाभाविक है?"

जब हम किसी को प्रेम करते हैं, तो सबसे बड़ा डर यही होता है—अगर वह हमें छोड़कर चला गया तो? अगर हमारा प्रेम अधूरा रह गया तो? क्या प्रेम को हमेशा बनाए रखना आवश्यक है, या वह अपने स्वाभाविक प्रवाह में बहता रहता है?

प्रेम का सबसे बड़ा डर – बिछड़ने का भय

एक बार जापान के एक समुराई योद्धा ने अपनी पत्नी से कहा, "मुझे युद्ध पर जाना है, लेकिन मैं वचन देता हूँ कि लौटकर आऊँगा।"

पत्नी मुस्कुराई और बोली, "यदि प्रेम केवल साथ रहने से सिद्ध होता, तो बादलों और समुद्र का प्रेम कभी नहीं हो पाता। वे एक-दूसरे को छू नहीं सकते, लेकिन हमेशा साथ रहते हैं।"

हम प्रेम को पकड़कर रखना चाहते हैं, लेकिन क्या प्रेम को बांधा जा सकता है? नहीं, प्रेम कोई वस्तु नहीं, जिसे बंद मुट्ठी में रखा जाए। बल्कि, प्रेम तो तब ही जीवित रहता है जब उसे खुला छोड़ दिया जाए।

प्रेम में अनिश्चितता का सामना

ग्रीक पौराणिक कथाओं में ओरफियस और यूरीडाइस की कहानी प्रसिद्ध है।

ओरफियस अपनी पत्नी यूरीडाइस को मृत्यु के देवता हेड्स से वापस लाने के लिए अधोलोक तक गया। हेड्स ने एक शर्त रखी—वह यूरीडाइस को ले जा सकता है, लेकिन जब तक वे पृथ्वी पर नहीं पहुँचते, वह मुड़कर उसकी ओर नहीं देखेगा। लेकिन जैसे ही वह बाहर निकलने ही वाला था, उसे डर हुआ कि शायद यूरीडाइस उसके पीछे नहीं है। उसने संदेह में मुड़कर देखा, और यूरीडाइस हमेशा के लिए छिन गई।

यह कहानी हमें सिखाती है कि जब हम प्रेम में अनिश्चितता से डरने लगते हैं, तो हम वही खो बैठते हैं, जिसे हम बचाना चाहते हैं। यदि ओरफियस को अपने प्रेम पर विश्वास होता, तो यूरीडाइस कभी नहीं खोती।

प्रेम का समय से परे होना

क्या प्रेम समय के साथ फीका पड़ जाता है? नहीं, प्रेम तो बस अपना रूप बदलता है।

पुराने समय में ईरान के एक राजा को अपनी प्रेमिका से बिछड़ना पड़ा। वर्षों बाद जब वह बूढ़ा हुआ, तब भी उसकी आँखों में वही प्रेम झलकता था। जब उससे पूछा गया, "क्या तुम्हारा प्रेम अब भी वैसा ही है?"

राजा ने उत्तर दिया, "प्रेम न कभी घटता है, न बढ़ता है। वह सिर्फ अपने रूप बदलता है। अगर वह सच्चा है, तो समय भी उसे मिटा नहीं सकता।"

प्रेम में खोने के भय से कैसे मुक्त हों?

1. प्रेम को स्वाभाविक रूप से बहने दो – यदि वह तुम्हारा है, तो लौटकर आएगा, और यदि नहीं, तो वह तुम्हारा कभी था ही नहीं।
2. अनिश्चितता को स्वीकार करो – प्रेम में निश्चितता खोजने की आवश्यकता नहीं, बस उसे जीने की जरूरत है।
3. प्रेम को अधिकार मत समझो – प्रेम में स्वामित्व का भाव ही बिछड़ने के डर को जन्म देता है।

"प्रेम का सबसे बड़ा डर बिछड़ने का है, लेकिन यदि प्रेम सच्चा है, तो यह समय, दूरी और परिस्थितियों से परे होता है। इसे बचाने की कोशिश

मत करो, बस इसे महसूस करो।"

5

प्रेम और अभिव्यक्ति

"क्या प्रेम को शब्दों में व्यक्त करना जरूरी है?"

अक्सर लोग सोचते हैं कि प्रेम को जताने के लिए बड़े-बड़े शब्दों, वादों और दिखावे की जरूरत होती है। लेकिन क्या प्रेम हमेशा शब्दों का मोहताज होता है? या फिर यह बिना बोले, बिना जताए भी अपने अस्तित्व को सिद्ध कर सकता है?

प्रेम को शब्दों में बांधने की असंभवता

क्या तुम्हें पता है कि दुनिया की सबसे खूबसूरत कविताएँ कभी लिखी ही नहीं गईं?

क्योंकि वे उन मौन क्षणों में गढ़ी जाती हैं, जब दो प्रेमी एक-दूसरे की आँखों में देखते हैं और सबकुछ कह दिया जाता है—बिना कुछ बोले।

एक प्रसिद्ध कहानी है चीन के महान दार्शनिक लाओ त्जू की। उनसे एक शिष्य ने पूछा, "गुरु, प्रेम को सबसे अच्छा कैसे व्यक्त किया जा सकता है?"

लाओ त्जू मुस्कुराए और बोले, "जो सबसे गहरा प्रेम होता है, उसे कहने की जरूरत ही नहीं पड़ती। वह हवा की तरह होता है, जो महसूस तो होता है, पर देखा नहीं जा सकता।"

हम अक्सर सोचते हैं कि यदि हमने 'आई लव यू' नहीं कहा, तो प्रेम अधूरा रह जाएगा। लेकिन क्या कभी किसी माँ को अपने बच्चे से यह कहने की जरूरत पड़ती है कि वह उससे प्रेम करती है? क्या प्रेम उस

स्पर्श, उस देखभाल, उस निस्वार्थ त्याग में नहीं छिपा होता?

प्रेम छोटी-छोटी बातों में प्रकट होता है

क्या प्रेम हमेशा किसी भव्य इज़हार या किसी बड़े बलिदान में ही दिखता है?

नहीं, प्रेम अक्सर उन छोटी-छोटी बातों में छिपा होता है, जिन पर हम ध्यान नहीं देते।

जापान में एक पुरानी कथा है।

एक वृद्ध व्यक्ति हर सुबह अपनी पत्नी को उसके उठने से पहले ही गर्म चाय बनाकर देता था। किसी ने उससे पूछा, "आपने कभी अपनी पत्नी से प्रेम का इज़हार नहीं किया, फिर भी हर सुबह यह क्यों करते हैं?"

वृद्ध व्यक्ति ने हंसकर कहा, "यदि उसे मेरे शब्दों की जरूरत पड़े, तो इसका मतलब है कि मैं अपने प्रेम को ठीक से व्यक्त नहीं कर पाया।"

इससे यह स्पष्ट होता है कि प्रेम वचनों से अधिक कर्मों में दिखता है।

प्रेम कोई त्याग नहीं मांगता, लेकिन त्याग स्वाभाविक होता है।

प्यार में त्याग करना क्या जरूरी है?

यदि प्रेम त्याग करने को मजबूर करे, तो वह प्रेम नहीं, एक सौदा बन जाता है। लेकिन जब प्रेम में स्वाभाविक रूप से त्याग आ जाए, तब वह प्रेम की पराकाष्ठा बन जाता है।

प्रेम को व्यक्त करने के सही तरीके

1. शब्दों से परे जाओ – प्रेम केवल 'आई लव यू' कहने तक सीमित नहीं है, यह स्पर्श, देखभाल और छोटी-छोटी बातों में झलकता है।

2. छोटी चीजों को महत्व दो – प्रेम कोई भव्य इज़हार नहीं मांगता, यह एक कप चाय, एक चिंता भरी नजर, एक मुस्कान में भी प्रकट होता है।

3. त्याग को बोझ मत बनाओ – यदि प्रेम में त्याग करना भारी लगता है, तो वह प्रेम नहीं, बल्कि समझौता है।

"प्रेम को महसूस करो, उसे साबित करने की जरूरत नहीं। यदि वह सच्चा है, तो वह हर छोटे से छोटे कार्य में दिखेगा, चाहे उसे शब्दों में पिरोया जाए या नहीं।"

6

प्रेम में दर्द और परिपक्वता

"क्या प्रेम में दर्द अवश्यंभावी है?"

हर प्रेम कहानी में एक मोड़ आता है जब किसी न किसी रूप में दर्द से सामना होता है। यह दर्द हमें तोड़ता है या हमें और गहरा बनाता है—यह इस पर निर्भर करता है कि हम इसे किस रूप में स्वीकार करते हैं।

प्रेम में रोना कमजोरी नहीं

क्या कभी प्रेम इतना गहरा हुआ है कि उसकी अनुपस्थिति ने तुम्हारी आँखों को नम कर दिया हो? क्या यह कमजोरी है?

जर्मनी के महान दार्शनिक फ्रेडरिक नीत्शे ने कहा था,

"जो चीज़ तुम्हें नहीं मारती, वह तुम्हें और मजबूत बना देती है।"

प्रेम हमें कमजोर नहीं बनाता, बल्कि हमें हमारे सबसे संवेदनशील हिस्से से परिचित कराता है। जब तुम किसी के प्रेम में होते हो, तो अपने दिल की सबसे कोमल भावनाओं से जुड़ते हो, और यही जुड़ाव दर्द की संभावना भी बढ़ा देता है।

प्रसिद्ध जापानी कहानी 'हचिको' को याद करो।

हचिको एक कुत्ता था, जो हर दिन अपने मालिक के काम से लौटने का इंतजार करता था। लेकिन जब उसका मालिक एक दिन वापस नहीं आया, तो भी हचिको सालों तक रेलवे स्टेशन पर बैठा रहा। उसका प्रेम

अमर था, और उसका दर्द भी।

यह कहानी हमें सिखाती है कि प्रेम केवल खुशी का नाम नहीं, बल्कि एक गहरा बंधन है, जो बिछड़ने के बाद भी जीवित रहता है।

प्रेम हमें तोड़ता नहीं, बल्कि मजबूत बनाता है

एक बार माइकल एंजेलो से किसी ने पूछा कि वह इतनी सुंदर मूर्तियाँ कैसे बना लेते हैं। उन्होंने कहा,

"मैं पत्थर के टुकड़े को देखता हूँ और उसमें जो पहले से छिपा हुआ है, उसे बाहर निकालता हूँ।"

प्रेम ठीक वैसा ही है—यह हमें तराशता है। जब हम किसी के प्रेम में होते हैं, तो हम अपने भीतर छिपे सबसे अच्छे रूप को बाहर लाने की कोशिश करते हैं। और जब प्रेम में दुख आता है, तो यह हमें और अधिक समझदार बनाता है।

तुम्हें इतिहास में "हेलेन ऑफ ट्रॉय" की कहानी याद होगी। पेरिस और हेलेन का प्रेम एक युद्ध का कारण बना, जिसमें हजारों लोगों की जान गई। लेकिन उसी युद्ध ने इतिहास में ट्रोजन हॉर्स जैसी रणनीति को जन्म दिया, जिसने आगे आने वाली कई पीढ़ियों को प्रेरित किया।

यह प्रेम का एक अनोखा सत्य है—यह केवल व्यक्तिगत अनुभव नहीं, बल्कि एक परिवर्तनकारी शक्ति है।

प्रेम में विश्वास का डगमगाना और इसे बनाए रखना

तुमने कभी पक्षियों को देखा है? वे अपने घोंसले को बहुत मेहनत से बनाते हैं, लेकिन तेज़ हवा या तूफान उसे बिखेर देता है। इसके बावजूद वे अगली सुबह फिर से उसी जगह नया घोंसला बनाना शुरू कर देते हैं।

प्रेम में भी ऐसा ही होता है। कभी-कभी परिस्थितियाँ, गलतफहमियाँ, या समय की परीक्षा प्रेम को हिला देती हैं। लेकिन यदि प्रेम सच्चा है, तो यह पुनः खड़ा हो सकता है।

प्रेम का दर्द हमें नया रूप देता है

1. दर्द को कमजोरी मत समझो – प्रेम में आंसू आना यह नहीं दिखाता कि तुम कमजोर हो, बल्कि यह दिखाता है कि तुमने गहरे प्रेम को महसूस किया है।
2. परिपक्व बनो – प्रेम केवल खुशी नहीं देता, यह आत्म-विकास और आत्मबोध का एक जरिया भी है।
3. विश्वास बनाए रखो – संदेह प्रेम को खा जाता है, लेकिन विश्वास उसे अमर बना देता है।

"यदि प्रेम ने तुम्हें कभी दर्द नहीं दिया, तो शायद तुमने उसे पूरी गहराई से महसूस ही नहीं किया। लेकिन यही दर्द तुम्हें एक नया, अधिक परिपक्व और समझदार इंसान बना सकता है।"

7

प्रेम, स्वतंत्रता और अधिकार

क्या प्रेम का मतलब अधिकार जमाना होता है?

कई बार, प्रेम को स्वामित्व मान लिया जाता है। लोग सोचते हैं कि अगर वे किसी से प्रेम करते हैं, तो उस व्यक्ति पर उनका हक़ है। लेकिन क्या सच में प्रेम किसी को बाँधकर रखने का नाम है? या यह एक स्वतंत्रता है जो दोनों को उड़ने के लिए पंख देती है?

प्रेम कोई स्वामित्व नहीं, यह स्वतंत्रता है

बेल और वृक्ष की कहानी याद करो।

एक बेल जब किसी वृक्ष से लिपट जाती है, तो शुरुआत में वह उसे सहारा देती हुई लगती है। लेकिन धीरे-धीरे वह इतनी कसकर लिपट जाती है कि वृक्ष का बढ़ना मुश्किल हो जाता है। अगर प्रेम को वृक्ष की तरह बढ़ने देना है, तो उसे बेल की तरह जकड़ना नहीं चाहिए।

एलेनोर रूज़वेल्ट और फ्रैंकलिन डी. रूज़वेल्ट का विवाह इस बात का उदाहरण है।

फ्रैंकलिन डी. रूज़वेल्ट अमेरिका के राष्ट्रपति थे, और एलेनोर उनकी पत्नी होने के बावजूद अपनी पहचान अलग बनाए रखती थीं। उन्होंने सामाजिक कार्यों में अपना योगदान दिया, महिलाओं के अधिकारों के लिए लड़ीं, और द्वितीय विश्व युद्ध के दौरान अमेरिका की नीतियों पर

प्रभाव डाला। उनका विवाह प्रेम से बंधा था, लेकिन यह प्रेम स्वतंत्रता देने वाला था, जकड़ने वाला नहीं।

प्रेम को बंदिशों में बांधने से उसका दम घुटता है

कभी सुना है कि एक चिड़िया को पिंजरे में डाल दो, तो वह गाने की बजाय चुप हो जाती है?

प्रेम भी वैसा ही है। जब हम किसी को अपने हिसाब से ढालने की कोशिश करते हैं, उसके फैसलों पर नियंत्रण रखना चाहते हैं, तो हम अनजाने में प्रेम का दम घोंटने लगते हैं।

रवींद्रनाथ टैगोर की कहानी 'गोरीबाला' इसी बात को दर्शाती है। गोरीबाला नाम की लड़की का विवाह कम उम्र में कर दिया गया था, लेकिन वह पढ़ना चाहती थी, स्वतंत्र रहना चाहती थी। उसका पति उससे प्रेम करता था, लेकिन समाज की रूढ़ियों में बंधा था। प्रेम अगर सच में गहरा होता, तो उसे उड़ने की आज़ादी देता, न कि पिंजरे में बंद करता।

प्रेम को पंख दो, यदि सच्चा होगा, तो लौटकर आएगा

क्या तुमने कभी गौर किया है कि जब तुम तितली के पीछे भागते हो, तो वह दूर उड़ जाती है, लेकिन अगर तुम शांत बैठो, तो वह खुद आकर तुम्हारे कंधे पर बैठ सकती है?

यह प्रेम के साथ भी होता है। अगर तुम किसी को जबरदस्ती पकड़ने की कोशिश करोगे, तो वह छूट जाएगा। लेकिन अगर प्रेम सच्चा है, तो वह हमेशा लौटकर आएगा।

रिचर्ड बाख की किताब 'जोनाथन लिविंग्स्टन सीगल' एक प्रेरणादायक कहानी है।

इसमें एक समुद्री पक्षी जोनाथन उड़ने की नई ऊंचाइयों को छूना चाहता है, लेकिन बाकी पक्षी उसे रोकते हैं। लेकिन उसका प्रेम उड़ान से था, और वह अपनी मंज़िल पर पहुंचकर ही रहा। इसी तरह, प्रेम हमें खुला आसमान देना चाहिए, ताकि हम अपनी पूरी क्षमता तक पहुँच सकें।

स्वतंत्रता और प्रेम का संतुलन

1. प्रेम में स्वामित्व मत रखो – किसी को पकड़कर रखने की कोशिश करोगे, तो प्रेम बंधन बन जाएगा।

2. स्वतंत्रता दो, लेकिन विश्वास भी रखो – अगर प्रेम सच्चा है, तो वह कभी तुम्हें छोड़कर नहीं जाएगा।

3. साथ बढ़ो, लेकिन एक-दूसरे को सांस लेने की जगह दो – प्रेम तभी टिकता है जब उसमें घुटन नहीं, बल्कि ताजगी हो।

"अगर तुम्हें प्रेम में स्वतंत्रता नहीं मिल रही, तो वह प्रेम नहीं, बंधन है। और अगर प्रेम स्वतंत्रता के साथ भी बना रहता है, तो वह अमर है।"

8

प्रेम और दूरी

क्या दूरी प्रेम को कमजोर कर देती है?

दूरी को अक्सर प्रेम के लिए एक परीक्षा माना जाता है। जब वो पास नहीं हो जिनसे हम प्रेम करते हैं, तो मन में सवाल उठते हैं—क्या वे हमें याद करते होंगे? क्या उनका प्रेम वैसा ही बना रहेगा? या फिर दूरी धीरे-धीरे सब कुछ बदल देगी? लेकिन प्रेम को पास रहने की ज़रूरत नहीं होती, प्रेम तो मन का जुड़ाव है।

प्रेम में दूरी का महत्व

क्या दूरी प्रेम को मिटा सकती है?

इतिहास में कई प्रेम कहानियाँ हैं, जहाँ प्रेमियों को एक-दूसरे से दूर रहना पड़ा, लेकिन उनका प्रेम फिर भी जीवित रहा।

अल्बर्ट आइंस्टीन और उनकी पत्नी मिलेवा की प्रेम कहानी इसका उदाहरण है।

आइंस्टीन विज्ञान में इतना गहरे डूबे थे कि वे अपनी पत्नी के साथ ज़्यादा समय नहीं बिता पाते थे। फिर भी, उनके प्रेम पत्र यह दिखाते हैं कि दूरी उनके भावनात्मक संबंध को खत्म नहीं कर सकी।

दूरी प्रेम की परीक्षा लेती है। यह तय करती है कि प्रेम केवल साथ बिताए गए पलों का नाम है या फिर एक गहरे विश्वास का, जो समय और स्थान की सीमाओं से परे है।

प्रेम केवल पास रहने का नाम नहीं, आत्मा का जुड़ाव है

कई बार लोग सोचते हैं कि अगर वे किसी से दूर हैं, तो उनका प्रेम कम हो जाएगा। लेकिन सच्चा प्रेम आत्मा से जुड़ा होता है, और आत्मा को भौतिक दूरी प्रभावित नहीं कर सकती।

इसी बात को सुदूर जापान की कहानी 'टाकासूगो के देवदार' दर्शाती है।

इस लोककथा में एक बुजुर्ग दंपति अपनी युवावस्था में अलग-अलग स्थानों पर रहते थे, लेकिन उनके प्रेम की शक्ति इतनी गहरी थी कि उन्होंने वर्षों तक एक-दूसरे का इंतजार किया और अंत में साथ आए।

प्रेम को जीत-हार से मत जोड़ो

कभी-कभी लोग दूरी को प्रेम की हार समझ लेते हैं। अगर कोई दूर चला जाए, तो हम सोचते हैं कि प्रेम खत्म हो गया। लेकिन प्रेम कोई प्रतियोगिता नहीं है कि इसमें हार-जीत हो।

फ्रेंच लेखक विक्टर ह्यूगो और उनकी प्रेमिका जुलियट ड्रुएट की कहानी इस बात का प्रमाण है।

जुलियट कई वर्षों तक ह्यूगो से अलग रहीं, लेकिन उन्होंने प्रेम को खोने के बजाय उसे जीवित रखा। वे पत्रों के माध्यम से जुड़े रहे, और जब वे फिर से मिले, तो उनका प्रेम पहले से भी अधिक गहरा था।

दूरी प्रेम को गहरा बनाती है

जब कोई प्रियजन दूर जाता है, तो हमें एहसास होता है कि वे हमारे लिए कितने महत्वपूर्ण हैं। दूरी हमें यह समझने का मौका देती है कि क्या हम प्रेम को केवल अपनी सुविधा के लिए चाहते थे, या वह वास्तव में हमारे अस्तित्व का एक हिस्सा बन चुका है।

प्रेम की सच्ची परीक्षा

1. अगर प्रेम दूरी से मिट जाए, तो वह कभी गहरा नहीं था।
2. अगर प्रेम में सच्चाई है, तो वह समय और स्थान से परे रहेगा।
3. अगर प्रेम मजबूत है, तो दूरी उसे और निखारेगी, कमजोर नहीं करेगी।

"दूरी केवल शरीर को अलग कर सकती है, आत्माओं को नहीं। प्रेम में दूरी बाधा नहीं, बल्कि उसे और अमर बनाने का साधन बनती है।"

9

प्रेम और प्रतीक्षा

क्या प्रेम प्रतीक्षा मांगता है?

प्रेम और प्रतीक्षा का रिश्ता गहरा है। प्रेम हमेशा जल्दी में नहीं होता, उसे समय की आवश्यकता होती है। लेकिन क्या प्रतीक्षा प्रेम का प्रमाण है? क्या इंतजार करने से प्रेम मजबूत होता है या यह केवल एक दर्दभरा अनुभव बन जाता है?

प्रतीक्षा की परीक्षा

प्रेम में प्रतीक्षा आसान नहीं होती। जब कोई प्रियजन दूर होता है या जब प्रेम अपने मुकाम तक नहीं पहुंच पाता, तब मन बेचैन हो उठता है। लेकिन क्या प्रेम में धैर्य रखना आवश्यक है?

अलेक्जेंडर ग्राहम बेल की प्रेम कहानी इसका उत्तर देती है। जब वे युवा थे, तो उन्हें माबेल नाम की एक लड़की से प्रेम हो गया। लेकिन माबेल के माता-पिता ने उनकी शादी की अनुमति नहीं दी। ग्राहम बेल अपने लक्ष्य पर केंद्रित रहे, उन्होंने टेलीफोन का आविष्कार किया, और वर्षों बाद, जब वे सफल हुए, तो माबेल ने उनका प्रस्ताव स्वीकार किया। उन्होंने इंतजार किया और आखिरकार उनका प्रेम सफल हुआ। प्रतीक्षा ने उनके प्रेम को परखा और उसे और गहरा बना दिया।

प्रेम हमेशा लौटता है, लेकिन अपने समय पर

कई बार हम सोचते हैं कि अगर हम इंतजार करें, तो सब कुछ वैसा ही होगा जैसा हम चाहते हैं। लेकिन प्रेम अपनी शर्तों पर लौटता है, हमारी

इच्छाओं के अनुसार नहीं।

प्रसिद्ध लेखक जेन ऑस्टेन की बहन कैसंड्रा ऑस्टेन की कहानी इसका उदाहरण है।

कैसंड्रा अपने मंगेतर थॉमस से गहराई से प्रेम करती थीं, लेकिन उनकी सगाई के कुछ समय बाद ही थॉमस की मृत्यु हो गई। इसके बावजूद, उन्होंने किसी और से शादी नहीं की और अपने प्रेम को अपने भीतर संजोए रखा। या फिर परमवीर चक्र विजेता विक्रम बत्रा और उनकी प्रेमीका की कहानी।उनका प्रेम कभी खत्म नहीं हुआ, भले ही उनकी प्रतीक्षा पूरी नहीं हुई।

प्रेम में धैर्य की परीक्षा

प्रेम केवल साथ होने का नाम नहीं है, बल्कि वह विश्वास की परीक्षा भी लेता है। यदि प्रेम सच्चा है, तो उसे जल्दबाजी की आवश्यकता नहीं होती।

महान चित्रकार फ्रिडा काहलो और डिएगो रिवेरा की प्रेम कहानी इस बात का उदाहरण है।

डिएगो और फ्रिडा के रिश्ते में कई उतार-चढ़ाव आए, वे अलग हुए, फिर से मिले। लेकिन उन्होंने एक-दूसरे को पूरी तरह कभी नहीं छोड़ा। उनके बीच प्रतीक्षा का तत्व था, जो उनके प्रेम को परखता रहा और अंत में उसे अमर कर दिया।

प्रतीक्षा – प्रेम का सबूत या एक भ्रम?

क्या हर प्रतीक्षा प्रेम का प्रमाण होती है? नहीं। अगर प्रतीक्षा एकतरफा हो, तो यह प्रेम नहीं, बल्कि एक भ्रम हो सकता है। प्रेम में प्रतीक्षा तभी सार्थक है जब दोनों पक्षों में समान जुड़ाव हो।

प्रतीक्षा और आत्मबोध

प्रतीक्षा का सबसे महत्वपूर्ण पहलू यह है कि यह हमें अपने भीतर झांकने का अवसर देती है। क्या हम केवल इसलिए प्रतीक्षा कर रहे हैं क्योंकि हमें खोने का डर है? या फिर क्योंकि हमारा प्रेम सच्चा और गहरा है?

प्रेम का धैर्यवान स्वरूप

1. प्रेम जब सच्चा होता है, तो उसे प्रतीक्षा करने से डर नहीं लगता।
2. प्रतीक्षा तभी की जानी चाहिए, जब दोनों के मन में समान जुड़ाव हो।
3. प्रेम में धैर्य प्रेम की शक्ति को दर्शाता है, लेकिन अंधी प्रतीक्षा केवल दुःख लाती है।

"प्रेम में प्रतीक्षा कोई बोझ नहीं, बल्कि उसकी सबसे सुंदर परीक्षा होती है। लेकिन अगर प्रतीक्षा केवल एक पक्ष कर रहा हो, तो उसे प्रेम नहीं, बल्कि एक सीख समझो।"

10

प्रेम और अहंकार

क्या अहंकार प्रेम को नष्ट कर देता है?

प्रेम और अहंकार दो विपरीत ध्रुव हैं। जहाँ प्रेम हमें जोड़ता है, वहीं अहंकार हमें अलग करता है। प्रेम में “मैं” और “तुम” के बीच संतुलन की आवश्यकता होती है। लेकिन जब “मैं” बहुत बड़ा हो जाता है, तो “हम” गायब हो जाता है। प्रेम को बनाए रखने के लिए अहंकार का त्याग कितना आवश्यक है?

अहंकार और प्रेम की टकराहट

कई प्रेम कहानियाँ अहंकार के कारण बिखर जाती हैं। इतिहास से एक प्रसिद्ध उदाहरण नेपोलियन बोनापार्ट और जोसेफीन का है। नेपोलियन को जोसेफीन से गहरा प्रेम था, लेकिन उनका अहंकार बार-बार इस प्रेम में बाधा बना। जब जोसेफीन ने संतान नहीं दी, तो नेपोलियन ने उन्हें छोड़ दिया। बाद में, जब जोसेफीन उनकी जिंदगी से चली गई, तो नेपोलियन को अहसास हुआ कि उनका प्रेम अहंकार से अधिक मूल्यवान था। लेकिन तब तक बहुत देर हो चुकी थी।

"मैं" बनाम "हम"

प्रेम तभी फलता-फूलता है जब उसमें दो लोग एक-दूसरे के सम्मान को बनाए रखते हुए साथ बढ़ते हैं। लेकिन जब कोई यह मानने लगे कि उसकी इच्छाएँ, जरूरतें और भावनाएँ अधिक महत्वपूर्ण हैं, तो प्रेम में असंतुलन आ जाता है।

साइमन और गैरी की कहानी

साइमन और गैरी एक साथ बड़े हुए थे और कॉलेज में उनका प्यार गहरा हो गया। लेकिन गैरी हमेशा सही रहना चाहता था। उसकी हर बहस में जीतने की इच्छा इतनी प्रबल थी कि धीरे-धीरे साइमन ने खुद को कमज़ोर महसूस करना शुरू कर दिया। प्रेम में जहाँ समझदारी होनी चाहिए, वहाँ अहंकार आ गया और कुछ वर्षों बाद उनका रिश्ता टूट गया।

अहंकार: प्रेम का सबसे बड़ा शत्रु

प्रेम में कोई छोटा या बड़ा नहीं होता। प्रेम समानता चाहता है। लेकिन अहंकार प्रेम को प्रतियोगिता बना देता है।

शेक्सपियर के नाटक "ओथेलो" का उदाहरण देखें।

ओथेलो को अपनी पत्नी डेस्डेमोना से प्रेम था, लेकिन उसका अहंकार और शक उस पर हावी हो गया। वह यह मानने को तैयार नहीं था कि डेस्डेमोना निर्दोष है। उसकी झूठी शान और अहंकार ने उसे एक ऐसी राह पर धकेल दिया, जहाँ उसने अपने ही प्रेम को नष्ट कर दिया।

प्रेम केवल "हम" बनकर ही जीवित रह सकता है

अहंकार प्रेम में संदेह, क्रोध और अलगाव लाता है। इसके विपरीत, विनम्रता प्रेम को और मजबूत करती है। प्रेम को बचाने के लिए अहंकार को छोड़ना ही एकमात्र उपाय है।

सच्चे प्रेम की सीख:

प्रेम में "मैं" को कम करके "हम" को प्राथमिकता दो।

यदि कोई बहस प्रेम से बड़ी हो रही है, तो सोचें—क्या यह अहंकार है?

प्रेम को कैद मत करो, उसे स्वतंत्र रूप से बहने दो।

अहंकार छोड़कर यदि प्रेम को महत्व दिया जाए, तो वह अमर हो जाता है।

"अगर तुम्हें यह तय करना है कि सही कौन है—तुम या तुम्हारा प्रेम—तो हमेशा प्रेम को चुनो। अहंकार तुम्हें अकेला कर सकता है, लेकिन प्रेम तुम्हें संपूर्ण बना सकता है।"

11

प्रेम की प्रकृति

क्या प्रेम को रोका जा सकता है?

प्रेम पानी की तरह होता है—अगर उसे मुट्ठी में कसकर पकड़ा जाए, तो वह धीरे-धीरे रिसकर बाहर निकल जाता है। जब प्रेम को कैद करने की कोशिश की जाती है, जब उस पर अधिकार जताया जाता है, तो वह अपनी मासूमियत और सुंदरता खोने लगता है। यह सत्य केवल काल्पनिक कहानियों में नहीं, बल्कि असली ज़िंदगी में भी देखा जाता है।

प्रेम पर अधिकार क्यों चाहते हैं लोग?

कई बार प्रेम में हमें डर लगता है—डर कि कहीं हमारा प्रिय व्यक्ति हमसे दूर न चला जाए। इसी डर में लोग प्रेम को बाँधने लगते हैं, नियम बनाने लगते हैं, नियंत्रण करने लगते हैं। लेकिन प्रेम जितना स्वच्छंद रहेगा, उतना ही गहरा और सच्चा बनेगा।

फ़िल्म: "लाल लैंड" (La La Land)

सेबेस्टियन और मिया एक-दूसरे से बेइंतहा प्यार करते थे, लेकिन दोनों के सपने अलग-अलग रास्तों पर थे। वे चाहते तो एक-दूसरे को रोक सकते थे, बाँध सकते थे, लेकिन उन्होंने ऐसा नहीं किया। उन्होंने एक-दूसरे की उड़ान को महत्व दिया, भले ही इसका मतलब था कि उन्हें अलग होना पड़े। उनके प्रेम की गहराई इस बात में थी कि वे एक-दूसरे की खुशियों को अपने अधिकार से ज़्यादा महत्व देते थे।

जब प्रेम को पकड़कर रखा जाए

कई बार लोग प्रेम को अपने स्वामित्व की चीज़ समझने लगते हैं। वे चाहते हैं कि जिस व्यक्ति से वे प्रेम करते हैं, वह केवल उनके अनुसार जिए। लेकिन क्या यह वास्तव में प्रेम है।

देवदास और पारो एक-दूसरे से प्रेम करते थे, लेकिन पारो को किसी और से शादी करनी पड़ी। देवदास उसे भूल नहीं सका, लेकिन उसने भी प्रेम को मुक्त करने की जगह अपने दर्द में खुद को डुबो दिया। प्रेम को स्वच्छंद छोड़ने के बजाय उसने उसे एक दुख में बदल दिया। शायद अगर उसने प्रेम को स्वतंत्र रहने दिया होता, तो यह एक खूबसूरत याद बन सकता था, न कि एक त्रासदी।

जब प्रेम स्वतंत्रता देता है

जो प्रेम सच्चा होता है, वह दबाव नहीं डालता, बल्कि प्रेरणा देता है। प्रेम में व्यक्ति को संपूर्ण बनने का अवसर मिलता है, न कि अपनी पहचान खोने का।

फ़िल्म: "द नोटबुक" (The Notebook)

नोआ और एली का प्रेम कई कठिनाइयों से गुजरा। परिस्थितियाँ बदलीं, लोग बदले, समय बदला, लेकिन उनका प्रेम वैसा ही बना रहा क्योंकि उन्होंने एक-दूसरे को अपने फैसले खुद लेने दिए। उन्होंने प्रेम को जबरदस्ती नहीं किया, बल्कि उसे समय और परिपक्वता के साथ खिलने दिया। यही कारण था कि उनका प्रेम एक अमर कहानी बन गया।

प्रेम को आज़ाद रखना क्यों ज़रूरी है?

जब हम किसी से प्रेम करते हैं, तो सबसे बड़ी परीक्षा यह होती है कि क्या हम उन्हें खुद को खोजने का अवसर दे सकते हैं? क्या हम प्रेम को इतनी शक्ति दे सकते हैं कि वह बिना बंधन के भी बना रहे?

"बरफ़ी" (Barfi)

बरफ़ी और झिलमिल का प्रेम ऐसा था जिसमें कोई शर्तें नहीं थीं। झिलमिल विशेष ज़रूरतों वाली लड़की थी, जिसे समाज कमज़ोर मानता था, लेकिन बरफ़ी ने उसे वैसे ही स्वीकार किया जैसी वह थी। उसने झिलमिल को बदला नहीं, बल्कि उसे वैसे ही अपनाया। यही प्रेम की सच्ची स्वतंत्रता है—किसी को वैसे ही स्वीकारना, बिना किसी बदलाव

की उम्मीद किए।

प्रेम कोई पिंजरा नहीं, यह एक उड़ान है

अगर प्रेम को कैद किया जाए, तो वह धीरे-धीरे दम तोड़ देता है। अगर उसे उड़ने दिया जाए, तो वह लौटकर ज़रूर आता है।

सच्चे प्रेम की सीख:

- प्रेम को स्वामित्व न समझो, उसे एक आशीर्वाद मानो।
- प्रेम तब तक जीवित रहता है जब तक उसमें खुलापन और विश्वास हो।
- अगर प्रेम को जबरदस्ती रोकना पड़े, तो वह प्रेम नहीं, बल्कि मोह है।
- सच्चा प्रेम वह होता है जिसमें दो लोग एक-दूसरे को अपना सर्वश्रेष्ठ बनने का अवसर दें।

"अगर प्रेम पर भरोसा है, तो उसे आज़ाद करो। अगर वह तुम्हारा है, तो वह लौटेगा; अगर नहीं, तो वह कभी तुम्हारा था ही नहीं।"

12

प्रेम की यात्रा

क्या प्रेम का कोई अंत होता है?

हममें से अधिकतर लोग प्रेम को एक यात्रा नहीं, बल्कि मंज़िल की तरह देखते हैं। हम सोचते हैं कि अगर प्रेम सफल हुआ, तो वह साथ रहने में बदल जाएगा, और अगर नहीं, तो वह अधूरा रह जाएगा। लेकिन क्या प्रेम का असली उद्देश्य केवल किसी के साथ जीवन बिताना ही होता है? क्या प्रेम का मूल्य इस बात से तय होना चाहिए कि वह हमें कहाँ तक लेकर जाता है, या इस बात से कि उसने हमें क्या सिखाया?

प्रेम का सफर मंज़िल से ज़्यादा अहम क्यों है?

प्रेम एक अहसास है, एक अनुभव। यह किसी गंतव्य पर पहुँचने की दौड़ नहीं है। कई प्रेम कहानियाँ ऐसी रही हैं, जिनका कोई पारंपरिक 'हैप्पी एंडिंग' नहीं हुआ, फिर भी वे इतिहास में अमर हो गईं।

फ़िल्म: "तमाशा" (Tamasha)

वेद और तारा का प्रेम किसी सामान्य प्रेम कहानी की तरह नहीं था। वे मिले, अलग हुए, और फिर एक-दूसरे को असली रूप में जानने के बाद फिर से मिले। तारा का प्रेम वेद को अपने असली अस्तित्व को पहचानने में मदद करता है। यहाँ प्रेम का उद्देश्य शादी या साथ रहना नहीं था, बल्कि वेद को अपने खोए हुए अस्तित्व से मिलाना था।

प्रेम अगर सच्चा है, तो वह रूप बदल सकता है, लेकिन खत्म नहीं होता

कई बार प्रेम को एक निश्चित रूप में देखने की हमारी आदत हमें दुखी कर देती है। हम सोचते हैं कि प्रेम का अर्थ केवल साथ रहना है, लेकिन कई बार प्रेम का सबसे शुद्ध रूप दूर रहकर भी बना रहता है।

प्रेम जब हमें बदल देता है

कई बार प्रेम किसी व्यक्ति को जीवनभर के लिए जोड़ने के बजाय, हमें एक नया रास्ता दिखाने आता है। वह हमें बेहतर इंसान बनने में मदद करता है, हमें कुछ नया सिखाता है, और फिर चला जाता है।

फ़िल्म: "प्राइड एंड प्रेजुडिस" (Pride and Prejudice) एलिजाबेथ और डार्सी का प्रेम केवल उनके साथ आने की यात्रा नहीं थी, बल्कि खुद को समझने की भी थी। एलिजाबेथ ने अपनी पूर्वधारणाओं को छोड़ा, और डार्सी ने अपने अहंकार को। अगर उनका प्रेम केवल मंज़िल की चिंता करता, तो शायद वे कभी नहीं बदलते। लेकिन उनका प्रेम एक यात्रा था, जिसमें उन्होंने खुद को नया रूप दिया।

अगर प्रेम अधूरा रह जाए, तो क्या वह असली नहीं था?

हम में से कई लोग उन प्रेम कहानियों को असफल मानते हैं, जो किसी 'हैप्पी एंडिंग' तक नहीं पहुँच पातीं। लेकिन सच्चाई यह है कि अधूरे प्रेम भी पूरे हो सकते हैं, अगर वे हमें खुद को बेहतर ढंग से समझने में मदद करें।

फ़िल्म: "बरफ़ी" (Barfi) श्रुति और बरफ़ी एक-दूसरे से प्रेम करते थे, लेकिन परिस्थितियाँ अलग थीं। उनका प्रेम कभी एक रिश्ते में नहीं बदल सका, लेकिन क्या इसका मतलब यह था कि वह प्रेम अधूरा था? नहीं। वह प्रेम हमेशा के लिए उनके दिलों में रहा, एक मीठी याद बनकर, जिसने उन्हें प्यार का असली मतलब समझाया।

प्रेम को उसकी मंज़िल से मत आंकिए

सच्चा प्रेम हमें बदलता है, हमें परिपक्व बनाता है, हमें सिखाता है कि प्रेम कोई समझौता नहीं, बल्कि एक अहसास है। जो प्रेम केवल साथ रहने के विचार पर टिका हो, वह प्रेम नहीं, बल्कि मोह है।

सच्चे प्रेम की सीख:

- प्रेम किसी मंज़िल तक पहुँचना नहीं, बल्कि जीवन को एक नया दृष्टिकोण देना है।
- अगर प्रेम आपको कुछ सिखाकर चला जाए, तो भी वह सफल है।
- अधूरे प्रेम भी पूरे हो सकते हैं, अगर वे आपको भीतर से बदल दें।
- प्रेम को किसी रिश्ते की परिभाषा में मत बाँधिए, उसे एक एहसास की तरह जीएँ।

"प्रेम कभी खत्म नहीं होता, वह बस रूप बदलता है।"

13

प्रेम और आत्मबोध

क्या प्रेम हमें खुद से मिलाता है?

प्रेम को अक्सर किसी और के लिए समर्पण या त्याग के रूप में देखा जाता है। लेकिन क्या प्रेम केवल किसी और के लिए जीने का नाम है, या यह हमें खुद से भी परिचित कराता है? कई बार, हम प्रेम में इतना डूब जाते हैं कि यह भूल जाते हैं कि हमारा अस्तित्व क्या है, हम कौन हैं, और हमें क्या चाहिए ? लेकिन सच्चा प्रेम हमें खोने के बजाय खुद को समझने में मदद करता है।

प्रेम तुम्हें खुद से मिलवाता है

प्रेम केवल किसी दूसरे इंसान को जानने की यात्रा नहीं, बल्कि खुद को खोजने की भी यात्रा है। जब हम किसी से सच्चा प्रेम करते हैं, तो हम अपने अंदर छिपी भावनाओं, कमजोरियों, इच्छाओं और सीमाओं से भी परिचित होने लगते हैं।

फिल्म: "तमाशा"

वेद और तारा की कहानी सिर्फ एक प्रेम कहानी नहीं, बल्कि आत्मबोध की यात्रा है। तारा वेद से प्रेम करती थी, लेकिन वह केवल उसकी सामाजिक पहचान नहीं, बल्कि उसकी असली पहचान को देखना चाहती थी। जब वेद खुद को खो चुका था, तब तारा ने उसे आईना दिखाया। यह प्रेम उसे किसी और में नहीं, बल्कि खुद में झांकने के लिए प्रेरित करता है। प्रेम ने वेद को उसके असली व्यक्तित्व से मिलाया, और इसी पहचान

के साथ वह तारा के पास वापस आया।

प्रेम तुम्हें तुम्हारी पूर्णता का एहसास कराता है

हम अक्सर यह सोचते हैं कि प्रेम हमें पूरा करता है, कि कोई दूसरा व्यक्ति हमारी अधूरी दुनिया को पूरा करेगा। लेकिन सच्चाई यह है कि प्रेम हमें हमारी पहले से ही मौजूद पूर्णता का एहसास कराता है। हम पहले से ही पूरे हैं, लेकिन प्रेम हमें यह देखने की नई दृष्टि देता है।

स्टीव जॉब्स और क्रिस एन्न

स्टीव जॉब्स का जीवन केवल टेक्नोलॉजी और ऐप्पल के इर्द-गिर्द नहीं घूमता था। उनकी प्रेम कहानी भी उनके जीवन का अहम हिस्सा रही। क्रिस एन्न, जो उनकी कॉलेज के दिनों की प्रेमिका थीं, ने जॉब्स को जीवन के उन पहलुओं से परिचित कराया जो तकनीक से परे थे—कला, ध्यान, और आत्मबोध। भले ही वे जीवनभर साथ नहीं रहे, लेकिन जॉब्स ने अपने कई इंटरव्यू में यह स्वीकार किया कि क्रिस ने उनकी सोच और आत्म-खोज को एक नया आयाम दिया। प्रेम केवल रिश्तों में बंधने का नाम नहीं, बल्कि यह हमें अपने आप को बेहतर तरीके से समझने में मदद करता है।

प्रेम में खुद को मत खोओ, बल्कि खुद को खोजो

कई बार हम प्रेम को पूरी तरह समर्पण का नाम मान लेते हैं और खुद को ही भूल जाते हैं। लेकिन प्रेम हमें खुद से भागने के लिए नहीं, बल्कि खुद को और बेहतर समझने के लिए प्रेरित करता है।

फ़िल्म: "कहानी"

विद्या बागची अपने पति की तलाश में कोलकाता आती हैं, लेकिन अंत में वह एक बहुत बड़ी साजिश को उजागर करती हैं। कहानी का मुख्य संदेश केवल बदले या खोज का नहीं, बल्कि आत्मबोध का भी है। प्रेम के कारण विद्या ने खुद को इतना मजबूत बना लिया कि वह अकेले अपने रास्ते पर चल सकी।

प्रेम तुम्हें अधूरा नहीं छोड़ता, बल्कि संपूर्ण बनाता है

अगर किसी रिश्ते में तुम खुद को खोते जा रहे हो, अपनी पहचान भूल रहे हो, तो वह प्रेम नहीं, मोह है। सच्चा प्रेम तुम्हें इस तरह से मजबूत करता है कि भले ही वह इंसान तुम्हारी ज़िंदगी में रहे या न रहे,

लेकिन वह तुम्हें अधूरा महसूस नहीं होने देगा।

फ़िल्म: "रॉकस्टार" (Rockstar)

जॉर्डन और हीर की प्रेम कहानी दर्द से भरी थी, लेकिन जॉर्डन का संगीत उसी प्रेम से जन्मा था। प्रेम ने उसे तोड़ा, लेकिन उसी प्रेम ने उसे महान भी बना दिया। उसने प्रेम को पाने की चाह में खुद को खोया नहीं, बल्कि खुद की पहचान बना ली।

प्रेम एक दर्पण है

प्रेम केवल किसी के साथ रहने की अनुभूति नहीं, बल्कि यह तुम्हारे भीतर झांकने का दर्पण भी है। जब तुम किसी से प्रेम करते हो, तो वह तुम्हारे भीतर छिपी अच्छाइयों और बुराइयों को उजागर करता है। सच्चा प्रेम तुम्हें अपनी कमजोरियों से भागने नहीं देता, बल्कि उनसे उबरने की हिम्मत देता है।

सच्चे प्रेम की सीख:

- प्रेम केवल किसी दूसरे को जानने की यात्रा नहीं, बल्कि खुद को समझने की भी प्रक्रिया है।
- प्रेम हमें हमारी पहले से ही मौजूद पूर्णता का एहसास कराता है।
- प्रेम में खुद को मत खोओ, बल्कि खुद को खोजो।
- अगर प्रेम तुम्हें कमजोर बना रहा है, तो वह प्रेम नहीं, मोह है।
- सच्चा प्रेम तुम्हें अधूरा नहीं छोड़ता, बल्कि संपूर्ण बनाता है।

"प्रेम तुम्हें किसी और का नहीं, बल्कि तुम्हारा अपना बना देता है।"

14

प्रेम की अंतिम सच्चाई

क्या प्रेम को परिभाषित किया जा सकता है?

प्रेम को शब्दों में बांधने की कितनी भी कोशिश कर ली जाए, यह हमेशा उन दायरों से बाहर बह जाता है। यह कोई निश्चित परिभाषा नहीं, बल्कि एक अनुभव है। हम इसे समझने की कोशिश में अपनी पूरी ज़िंदगी बिता सकते हैं, लेकिन इसे पूरी तरह व्यक्त नहीं कर सकते। प्रेम तब समझ में आता है जब हम इसे महसूस करते हैं—कभी एक नज़र में, कभी एक स्पर्श में, तो कभी एक अलविदा में।

प्रेम मत मांगो, प्रेम बनो

प्रेम कोई ऐसी चीज़ नहीं, जिसे हम किसी से मांग सकें। यह कुछ पाने की इच्छा नहीं, बल्कि कुछ देने की भावना है। प्रेम तब पूर्ण होता है जब यह किसी स्वार्थ या अपेक्षा से मुक्त हो जाता है।

फ़िल्म: "The Notebook"

नोआ और एली की कहानी केवल एक प्रेम कहानी नहीं, बल्कि प्रेम की शक्ति का प्रमाण है। नोआ ने प्रेम मांगा नहीं, बल्कि वह प्रेम बन गया। जब एली अपनी याददाश्त खो चुकी थी, तब भी वह हर दिन उसे अपनी कहानी सुनाता रहा, बिना किसी अपेक्षा के। यह प्रेम पाने की लालसा नहीं, बल्कि प्रेम को जीने की कला थी।

प्रेम दुनिया की सबसे खूबसूरत चीज़ है

क्या प्रेम सबसे सुंदर भावना है? शायद हां। लेकिन यह सुंदरता केवल उसके खुशहाल पलों में नहीं, बल्कि उसके संघर्ष, दर्द और बलिदान में भी है।

रवींद्रनाथ टैगोर की कहानी "द काबुलीवाला"

एक पठान और एक छोटी बच्ची मिनी की कहानी प्रेम की गहराई को दर्शाती है। काबुलीवाला का प्रेम किसी रोमांटिक रिश्ते से परे था। वह मिनी में अपनी बेटी की छवि देखता था, और सालों बाद जब वह जेल से लौटकर आया, तो मिनी उसे पहचान भी नहीं पाई। लेकिन उसका प्रेम अब भी वैसा ही था—निस्वार्थ, शुद्ध और अनंत। यही प्रेम की सच्चाई है—यह समय, दूरी, या बदलते हालातों से परे होता है।

प्रेम कोई संयोग नहीं, यह जीवन का सबसे बड़ा सत्य है

हम कई बार यह सोचते हैं कि प्रेम एक संयोग या भाग्य की देन है। लेकिन सच्चाई यह है कि प्रेम एक सत्य है, जो हर जीवन में किसी न किसी रूप में मौजूद होता है। यह केवल किसी व्यक्ति तक सीमित नहीं, बल्कि हमारे पूरे अस्तित्व का हिस्सा है।

फ़िल्म: "Barfi!"

बरफ़ी और झिलमिल की प्रेम कहानी एक असामान्य प्रेम कहानी थी। यह प्रेम न शब्दों का मोहताज था, न ही सामाजिक मान्यताओं का। यह बस था—सजीव, सरल और सच्चा। इस प्रेम में न कोई अपेक्षा थी, न कोई दिखावा। यह प्रेम केवल अनुभव करने के लिए था, सिद्ध करने के लिए नहीं।

प्रेम को जबरदस्ती मत करो

प्रेम को नियंत्रण में रखने की कोशिश करना उसे खत्म करने जैसा है। यह केवल तब तक जीवित रहता है जब तक इसे स्वतंत्रता दी जाती है।

फ़िल्म: "प्राइड एंड प्रेजुडिस" (Pride and Prejudice)

एलिजाबेथ और डार्सी का प्रेम शुरुआत में अहंकार और गलतफहमियों में उलझा रहा, लेकिन जब उन्होंने प्रेम को अपनी शर्तों से मुक्त कर दिया, तब ही यह फल-फूल सका। प्रेम को जबरदस्ती साबित करने या

नियंत्रित करने की कोशिश की जाए, तो यह अपने मूल स्वरूप को खो देता है।

प्रेम कोई वादा नहीं, यह बस एक अहसास है

प्रेम को वादों में नहीं बांधा जा सकता। यह कोई अनुबंध नहीं, बल्कि एक अहसास है, जो बस होता है।

असली जीवन की कहानी: मिलन और बिछड़ाव

हर किसी की ज़िंदगी में कोई ऐसा इंसान आता है, जिससे मिलने के बाद सबकुछ बदल जाता है। कुछ प्रेम कहानियां मुकम्मल होती हैं, और कुछ अधूरी रह जाती हैं। लेकिन क्या प्रेम केवल वही होता है जो हमेशा साथ रहता है? एक व्यक्ति ने अपनी कॉलेज की दोस्त से प्रेम किया, लेकिन जीवन की जटिलताओं के चलते वे अलग हो गए। सालों बाद, जब वे मिले, तो प्रेम अब भी वैसा ही था—न ही कोई शिकायत, न ही कोई अपेक्षा, बस एक शुद्ध एहसास।

प्रेम सच्चा है, तो वह तुम्हारी आँखों, मुस्कान और खामोशी में दिखेगा

प्रेम को शब्दों की जरूरत नहीं। यह बिना कुछ कहे भी समझा जा सकता है। यह आंखों में, मुस्कान में, खामोशी में बसता है।

प्रेम की अंतिम सच्चाई:

- प्रेम कोई संयोग नहीं, यह जीवन का सबसे बड़ा सत्य है।
- प्रेम मांगने की चीज़ नहीं, प्रेम बनने की चीज़ है।
- प्रेम को जबरदस्ती मत करो, इसे बहने दो।
- प्रेम कोई अनुबंध या वादा नहीं, यह बस एक अहसास है।
- प्रेम जब सच्चा होता है, तो वह नज़र आता है—शब्दों के बिना भी।

"प्रेम वह नहीं जो तुम्हें किसी से जोड़ता है, बल्कि वह है जो तुम्हें खुद से भी जोड़ता है।"

15

प्रेम में टूटकर बिखरना नहीं, निखरना सीखो

जब प्रेम बिखर जाता है, तो ऐसा लगता है जैसे दुनिया ही खत्म हो गई हो। साँस लेना भारी लगने लगता है, दिल किसी बोझ की तरह धड़कता है, और ज़िंदगी में कोई रोशनी बाकी नहीं दिखती। कई लोग इस अंधकार में डूबकर अपने अस्तित्व को ही मिटा देना चाहते हैं, यह सोचकर कि इससे दर्द खत्म हो जाएगा। लेकिन क्या वाकई प्रेम का अंत ज़िंदगी का अंत है?

क्या तुम सच में प्रेम कर रहे थे?

सोचो, यदि तुम्हें किसी चीज़ से सच्चा प्रेम होता, तो क्या तुम उसे एक झटके में छोड़कर मरने की बात सोचते? प्रेम तो ताकत देता है, कमजोर नहीं बनाता। प्रेम कभी तुम्हें खत्म करने के लिए नहीं बना, यह तो तुम्हें पूरा करने के लिए आया था। जो प्रेम तुम्हें तोड़ रहा है, वह प्रेम नहीं—वह एक भ्रम था, एक मोह था, एक आदत थी।

तुम्हारी ज़िंदगी सिर्फ़ प्रेम नहीं है

क्या तुमने सुना है अब्राहम लिंकन की कहानी? जब वे युवा थे, तब उनकी प्रेमिका एन्न रटलिज़ की अचानक मौत हो गई। लिंकन इस सदमे में इतने टूट गए कि वे महीनों तक अकेले कमरे में पड़े रहे, उदास और बेसुध। लेकिन क्या उन्होंने खुद को खत्म कर लिया? नहीं। उन्होंने अपने जीवन का एक उद्देश्य बनाया, खुद को फिर से खड़ा किया और एक दिन अमेरिका के सबसे महान नेताओं में से एक बन गए। अगर वे उस एक दर्द में ही डूबे रहते, तो इतिहास उन्हें कभी याद न रखता।

टूटकर खुद को खोने के बजाय खुद को नया रूप दो

"रॉकी" फिल्म की वह लाइन याद है? *It ain't about how hard you hit. It's about how hard you can get hit and keep moving forward."* (यह बात नहीं कि तुम कितना जोर से मार सकते हो, बल्कि यह कि तुम कितनी मार सहकर भी आगे बढ़ सकते हो।)

हर इंसान की ज़िंदगी में कोई न कोई ऐसा मोड़ आता है, जब वह पूरी तरह टूट जाता है। लेकिन यही वह मोमेंट होता है जब तुम्हारे पास दो विकल्प होते हैं—या तो खत्म हो जाओ, या फिर खुद को इतना मजबूत बना लो कि दुनिया देखती रह जाए। क्या तुम सच में प्रेम को इतना कमजोर बनाना चाहोगे कि वह तुम्हें खत्म कर दे? या तुम उसे इतनी ताकत दोगे कि वह तुम्हें नई ऊँचाइयों तक ले जाए?

क्या तुम्हें मालूम है कि तुम खास हो?

तुम्हारा जीवन केवल प्रेम करने और टूट जाने के लिए नहीं बना। अगर कोई तुम्हें छोड़कर चला गया, तो इसका मतलब यह नहीं कि तुम्हारे जीवन का उद्देश्य खत्म हो गया। तुम्हारी कहानी यहाँ खत्म नहीं होती, यह तो बस एक नया अध्याय शुरू हो रहा है।

खुद से एक वादा करो

- अगर तुम टूट गए हो, तो खुद को वक्त दो, लेकिन खत्म मत करो।
- अगर तुम दर्द में हो, तो उसे अपनी ताकत बना लो, अपनी कमजोरी नहीं।
- अगर कोई तुम्हारे प्यार को नहीं समझा, तो इसका मतलब यह नहीं कि दुनिया में कोई और तुम्हारे मूल्य को नहीं पहचानेगा।

एक आखिरी बात

ज़िंदगी तुम्हें हर दिन एक नया मौका देती है। लेकिन क्या तुम उसे देख पाते हो? जो लोग प्रेम में हारकर खुद को मिटा देना चाहते हैं, वे भूल जाते हैं कि वे खुद प्रेम हैं। और प्रेम को मिटाया नहीं जा सकता।

आज अगर तुम इस किताब को पढ़ रहे हो, तो यह ज़रूर किसी इशारे की तरह है कि तुम्हें खुद को खत्म नहीं करना है, बल्कि खुद को फिर से खोजना है।

उठो, और वह बनो, जो तुम हमेशा से बनना चाहते थे। यह तुम्हारा नया जन्म है।

16

जब प्रेम छलावा निकला

खुद को खोने के बजाय, खुद को पाने की यात्रा

किसी ने वादा किया था कि वह हमेशा तुम्हारे साथ रहेगा, पर वह चला गया। उसने तुम्हारी भावनाओं से खेला, तुम्हारी सच्चाई को झूठ बना दिया और तुम्हारे विश्वास को तोड़ दिया। यह दुनिया का सबसे बड़ा दर्द लगता है, क्योंकि प्रेम में इंसान खुद को पूरी तरह समर्पित कर देता है। लेकिन अब सवाल यह नहीं कि उसने तुम्हें धोखा क्यों दिया, बल्कि सवाल यह है—अब तुम क्या करोगे?

क्या वास्तव में तुम हार गए हो?

किसी का धोखा देना उसकी सच्चाई है, लेकिन अगर तुम इस दर्द में डूबकर खुद को खत्म कर रहे हो, तो यह तुम्हारी कमजोरी बन जाएगी। क्या तुम सच में उसे इतनी ताकत देना चाहते हो कि वह तुम्हारे वर्तमान, तुम्हारे भविष्य और तुम्हारी पूरी पहचान को मिटा सके?

याद है "एलिज़ाबेथ टेलर और रिचर्ड बर्टन" की प्रेम कहानी? वे एक-दूसरे के प्यार में इस कदर डूबे थे कि पूरी दुनिया उनकी प्रेम-कहानी को देख रही थी। दो बार शादी हुई, लेकिन रिचर्ड का शराब और अन्य औरतों में डूब जाना एलिज़ाबेथ के लिए एक बड़ा धोखा था। वह पूरी तरह टूट चुकी थीं, लेकिन उन्होंने खुद को फिर से खड़ा किया, अपने करियर में

वापसी की और खुद को अपने दर्द से ऊपर उठा लिया। यही जज़्बा तुम्हें भी चाहिए। क्योंकि जो तुम्हें सच्चे दिल से चाहता है, वह कभी तुम्हें इस तरह तोड़कर नहीं जाएगा।

धोखा तुम्हारी हार नहीं, बल्कि तुम्हारा नया आगाज है

फिल्म *"जिंदगी ना मिलेगी दोबारा"* में कबीर को तब महसूस होता है कि उसकी मंगेतर नताशा सिर्फ़ शादी को एक प्रोजेक्ट की तरह देखती है, न कि प्यार की तरह। वह उसे छोड़ने का फैसला करता है, क्योंकि वह समझ जाता है कि जब रिश्ता सच्चा न हो, तो उसे छोड़ देना ही बेहतर होता है। यही सीख तुम्हारे लिए भी है—जो रिश्ता तुम्हारी सच्चाई को ठुकरा दे, उसे अपने जीवन का हिस्सा बनाकर खुद को चोट मत दो।

अब वक्त है खुद को वापस पाने का

जब कोई तुम्हें धोखा देकर चला जाता है, तो वह सिर्फ़ तुम्हारी जिंदगी से नहीं जाता—वह तुम्हारे आत्म-सम्मान, तुम्हारे आत्म-विश्वास और तुम्हारी खुशियों को भी अपने साथ ले जाने की कोशिश करता है। लेकिन तुम इसे रोक सकते हो।

✔ **खुद को समय दो:** अपने घावों को भरने दो, लेकिन उन्हें अपना स्थायी दर्द मत बनने दो।

✔ **अपनी पहचान मत भूलो:** तुम केवल "किसी के प्रेमी या प्रेमिका" नहीं हो, तुम खुद में संपूर्ण हो।

✔ **बदला मत लो, बल्कि खुद को ऊँचाई पर ले जाओ:** सबसे अच्छा बदला यही है कि तुम इतनी बेहतर ज़िंदगी जियो कि तुम्हें धोखा देने वाला पछताए, लेकिन तुम्हें उसकी परवाह भी न हो।

क्योंकि तुम सबसे कीमती हो

शायद तुम्हें अभी यह समझ नहीं आ रहा, लेकिन जो गया, वह तुम्हारे जीवन से जाने के लिए ही था। क्योंकि जो तुम्हारा होता, वह तुम्हें कभी इस मोड़ पर अकेला छोड़कर नहीं जाता।

तो अब सवाल यह है—क्या तुम उसे याद करके रोते रहोगे, या खुद को फिर से खोजोगे?

क्योंकि जो प्रेम सच्चा होगा, वह तुम्हें कभी धोखा नहीं देगा। और जो तुम्हें छोड़कर चला गया, वह कभी तुम्हारा था ही नहीं।

तो चलो, नए सिरे से शुरुआत करते हैं। एक नए "तुम" के साथ।

17

प्रेम - एक अंतहीन यात्रा

तुमने प्रेम को महसूस किया, उसे जिया, उसके हर रंग को देखा—आशा, समर्पण, असुरक्षा, दर्द, विश्वासघात, और अंत में, ख़ुद को पाने की यात्रा। अब जब तुम इस किताब के अंतिम पन्ने पर हो, तो एक सवाल उठता है—क्या प्रेम की कोई परिभाषा है?

नहीं।

प्रेम न तो सिर्फ़ किसी के साथ होने का नाम है, न ही किसी को पाने का जुनून। प्रेम सिर्फ़ एक व्यक्ति या रिश्ते तक सीमित नहीं, यह एक अहसास है—जो कभी किसी की हँसी में छुपा होता है, कभी किसी के त्याग में, और कभी ख़ुद को तलाशने की यात्रा में।

प्रेम तुम्हें खोने के लिए नहीं, पाने के लिए है

अगर प्रेम में तुमने ख़ुद को खो दिया, तो वह प्रेम नहीं था—वह मोह था, आदत थी, एक भ्रम था। प्रेम तुम्हें तोड़ने के लिए नहीं आता, बल्कि तुम्हें नया बनाने के लिए आता है।

✔ जब तुम किसी के साथ हो, लेकिन अपनी पहचान नहीं खोते—वह प्रेम है।

✔ जब तुम किसी के बिना भी पूरे महसूस करते हो—वह प्रेम है।

✔ जब तुम अपने दर्द से सीखते हो, न कि उसमें डूबते हो—वह प्रेम है।

प्रेम का सबसे बड़ा सबक

प्रेम में कोई भी हारता नहीं, क्योंकि प्रेम कोई जंग नहीं।

प्रेम में कोई किसी का मालिक नहीं, क्योंकि प्रेम कोई सौदा नहीं।

प्रेम में कोई किसी पर निर्भर नहीं, क्योंकि प्रेम आत्म-निर्भरता है।

तुम इस किताब के हर अध्याय से गुजरे हो, और अब शायद तुम्हें समझ आ गया होगा—

? प्रेम एक मंज़िल नहीं, यह एक यात्रा है।

? प्रेम किसी को पकड़कर रखने में नहीं, बल्कि उसे आज़ाद करने में है।

? प्रेम माँगने की चीज़ नहीं, बल्कि बनने की चीज़ है।

अब क्या?

अब यह किताब खत्म हो रही है, लेकिन तुम्हारी प्रेम यात्रा नहीं।

अब तुम प्रेम को सिर्फ़ किसी दूसरे इंसान में नहीं, बल्कि खुद में भी देख पाओगे।

अब तुम समझोगे कि सच्चा प्रेम तुम्हें हमेशा ऊपर उठाएगा, तुम्हें बड़ा बनाएगा, तुम्हें संपूर्ण करेगा।

तो अब जब तुम इस आखिरी पन्ने को पलटोगे, एक बात याद रखना—

प्रेम तुम्हारे बाहर नहीं, वह हमेशा तुम्हारे अंदर था।

बस तुम्हें उसे पहचानना था।

? अब जाओ, और प्रेम बनो। ?

धन्यवाद

पढ़ने के लिए दिल से धन्यवाद। आपका यहां तक आना इस बात का प्रमाण है कि इस दुनिया को खूबसूरत बनाये रखने वाले लोगों में से आप भी हैं। बस अंत मे यही कहना चाहूंगा कि इतना प्रेम करिए कि इस नफ़रत से भरे समाज में आपका होना मात्र ही एक विद्रोह लगे।

www.ingramcontent.com/pod-product-compliance
Lightning Source LLC
Chambersburg PA
CBHW032002140726
47988CB00019B/3148